A
VICTOR HUGO

Un de ses grands admirateurs

D'AUTREFOIS.

RÉPONSE

A la Pièce des Voix Intérieures

INTITULÉE

SUNT LACRYMÆ RERUM.

PRIX : UN FRANC.

A
VICTOR HUGO.

IMPRIMERIE D'ÉVERAT ET C°,
16, RUE DU CADRAN.

A VICTOR HUGO

UN DE SES GRANDS ADMIRATEURS

D'AUTREFOIS.

RÉPONSE A LA PIÈCE DES VOIX INTÉRIEURES,

INTITULÉE

SUNT LACRYMÆ RERUM.

Facta non verba.

Paris,
ROSSIGNOL ET COMPAGNIE,
LIBRAIRIE PERROTIN,
1, RUE DES FILLES-SAINT-THOMAS
(Place de la Bourse).

1857.

Facta non verba.

I.

Au sortir de ton aire, aigle de Méonie,
Toi qui nous abreuvas de torrents d'harmonie,
Qui dans ton vol puissant, hardi, capricieux,
Fatigué de la terre allais te perdre aux cieux,
D'où revenant bientôt parfumé d'ambroisie
Tu répandais à flots l'antique poésie,

Oh! comment se fait-il, dis-moi, que ton destin
Si riche d'avenir en ton brillant matin,
Ait pu tromper l'espoir du bon-vieux de Solime,
Et faire un froid rimeur de son *enfant sublime?*

C'est qu'en ce temps de doute et de confusion
Nul ne sait jusqu'au bout remplir sa mission,
Que le funeste orgueil où notre cœur se noie,
Nous pousse incessamment en dehors de la voie
Qu'à travers les sentiers multiples d'ici-bas
Le ciel avait marquée à chacun de nos pas.

II.

Poëte, les canons placés aux Invalides,
Comme les sphinx poudreux devant les Pyramides,

Au but mystérieux que Dieu leur a marqué,

Fidèles en tout temps, seuls n'ont jamais manqué.

Ne te souvient-il plus de l'heure de colère

Où Paris souleva l'océan populaire,

Arma tout à la fois sa ville et ses faubourgs,

Et de trois rois brisa le trône dans trois jours?

A cette heure où sont morts les rois que tu regrettes,

Les voix de nos canons furent-elles muettes?

Quand la garde royale escorta, l'âme en deuil,

La triple royauté descendue au cercueil,

Rambouillet n'a-t-il pas frémi dans ses murailles

Du lugubre salut fait à leurs funérailles?

Va, le plus grand des rois entre tous leurs aïeux

Mourant, n'entendit pas de plus tristes adieux.

Et ce sont ces canons, ces vieux foudres de guerre,

Qui, du trépas de Charle, ont informé la terre,

Et, d'échos en échos, le poursuivant vaincu,

A tous les rois crié : Charles-Dix a vécu !

Qu'après sept ans d'oubli, ta muse, pauvre folle,

Accable du dédain de sa froide parole,

Et qu'en son vain regret, son deuil hors de saison,

Elle éclabousse en vers dépourvus de raison?

De grâce, y pensais-tu, poëte ; ton génie

Pousserait-il déjà le râle d'agonie,

Ou, plongé tout entier dans l'obscur avenir,

Aurait-il du passé perdu le souvenir?

Moi, je suis vieux, pourtant ma mémoire est fidèle;

Voyons, il est des faits qu'il faut qu'on te rappelle,

Et par amour pour toi, puisqu'il en est besoin,

Je veux bien aujourd'hui me charger de ce soin.

III.

Lorsque Charles tomba, Dauphin et Fils de France
Virent soudain crouler leur royale espérance;
Par décret sans appel, chacun d'eux fut frappé
De l'exil, lente mort, trépas anticipé.
Dès ce jour tout fut dit : la vieille dynastie
Du monde politique éteinte, anéantie,
Pour linceul emportant une pourpre en lambeaux,
Alla chercher au loin place pour trois tombeaux.
Respectant du malheur le noble privilége,
La France ouvrit ses rangs au funèbre cortége;
Il passa... sans entendre, hélas! en un seul lieu
S'élancer d'un seul cœur un consolant adieu.

Et cette royauté, durant ses jours prospères,
Avait tari pourtant de nombreuses misères ;
A l'aumône, à toute heure, elle ouvrait son trésor,
Et versait dans ses mains le plus pur de son or ;
Elle avait de ses dons enrichi des poëtes
Dont les hymnes jamais ne manquaient à ses fêtes,
Et qui, dans les transports d'un délire annuel,
Prédisaient à ses fils un empire éternel.
Mais les ingrats, le jour où leur reconnaissance
Devait parler plus haut, ont gardé le silence !
Ils savaient cependant que, forcé de punir,
Le peuple eût respecté tout noble souvenir,
Et que vainqueur il eût, en déposant ses armes,
Aimé qu'à ses vaincus on donnât quelques larmes.

Mais non, ces pauvres rois, divinisés quinze ans,
Qu'on accablait de vers, qu'on enfumait d'encens,

Pour leurs adorateurs, fougueux thuriféraires,

N'étaient plus, en tombant, que des hommes vulgaires,

Et si quelqu'un d'entre eux s'affligea de leur sort,

C'est qu'à ses intérêts leur chute avait fait tort.

IV.

Oh ! respect aux canons, gardiens des Invalides !

Mais opprobre sans fin à ces âmes sordides,

A tous ces apostats qu'on voit, selon les lieux

Et les temps, parjurer leurs serments et leurs dieux !

Il fallait à ceux-là faire une noble guerre,

Poëte, et, dans l'élan d'une sainte colère,

A la face du ciel, leur imprimer au front,

En un vers immortel, un immortel affront !

Car toi, tu le pouvais, toi, qui sus reconnaître

Les bienfaits dont jadis te combla ton vieux maître ;

Toi, qu'on vit en tout temps, ému de son malheur,

T'affliger de sa faute et pleurer son erreur,

Toi qui, pour le chanter, attendais que ta plainte

Pût, en un jour propice, éclater sans contrainte !...

Aussi, quand un courrier arrivé de Goritz

Nous annonce un matin, que, l'aîné des proscrits,

Que Charles, tristement accoudé dans sa tombe,

Immobile et glacé, pour toujours y retombe,

On te voit aussitôt envelopper ton cœur

De l'appareil touchant d'une sombre douleur ;

Du destin de tes rois, préoccupé la veille,

Ton active pitié s'émeut et se réveille,

De ton sein à grand bruit jaillissent les sanglots,

Et de tes yeux les pleurs s'écoulent à longs flots...

Mais tout bruyant chagrin rapidement s'efface,

Grâce au ciel ! et le tien n'a pas laissé de trace ;

Aussi ton hymne fait, tu pus, le lendemain,
De Versailles gaîment prendre le droit chemin.

V.

Là, tu parus frais et *superbe* [1],

Et, dans ce palais, on te vit

Parmi nos gloires, *noble gerbe,*

Dîner d'assez bon appétit.

Sur ses infortunes passées,

Tes douleurs étaient épuisées,

Et de tes paupières lassées

Les pleurs ne coulaient plus alors ;

Aussi quand tu franchis l'enceinte

Des lieux où la royauté sainte

[1] Les strophes suivantes sont calquées, quant au rhythme, sur celles que renferme la pièce à laquelle nous répondons ; que le lecteur juge de leur harmonie.

Épuisa la coupe d'absinthe,

Tu souris sans penser aux morts.

Sur ce château, quand ton libraire

Imprimait tes mornes douleurs,

Qu'avec soin, dans chaque exemplaire,

On satinait tes derniers pleurs,

Toi, dans cette demeure immense,

Où s'ébattaient en leur enfance,

Les deux Louis, aînés de France,

Le beau Charles, comte d'Artois,

Tu jouais comme l'hirondelle,

Qui, lors de la saison nouvelle,

Caresse l'air pur de son aile

Oublieuse des anciens froids.

Les poëtes qui, dans leurs livres,

Geignent sans fin, me sont suspects [1] :

Ils ressemblent à ces gens ivres

Qui pleurent toujours les yeux secs.

Des malheurs sans cesse à la piste,

Toi qui sais si bien, grand artiste,

Pleurer, sans en être plus triste,

Sur toute chose, peuple ou roi;

Toi qui, dans ta pitié profonde,

Fais couler tes pleurs comme l'onde,

Et qui pleures sur tout le monde,

Quand donc pleureras-tu sur toi?

Sur toi... Le moment est propice!

De tes yeux que de pleurs amers

---

[1] Nous demandons grâce pour ces deux rimes, qui ne sont pas suffisantes, nous en convenons, dans des vers adressés à M. Victor Hugo, le *rimeur* par excellence.

Une double source jaillisse

Pour expier tes derniers vers.

Ta vieille gloire est condamnée

A pleurer, durant une année,

Deux fois douze heures par journée,

Sans que personne dise : Assez !

Qu'une larme éternelle effleure

Ta joue, ô grand poëte, pleure

Sur ton nouveau livre à toute heure

Et tes vers seront effacés.

VI.

Oui, répare au plus tôt cet échec littéraire !
Ta gloire le demande, et surtout ton libraire
Qui, par ta muse en feu, voit avec désespoir
Remplir ses magasins et vider son comptoir.

De ton œuvre il est, lui, propriétaire unique
Dans le sens vrai, car rien ne sort de sa boutique.
Par intérêt pourtant, grands et petits journaux
Se sont faits de tes Voix les fidèles échos,
Et tous agenouillés aux pieds de ton génie
Ont loué de tes vers la suave harmonie;
Inutiles secours! et ton pauvre éditeur
Tout le jour, à sa porte attendant l'acheteur,
Voit devant lui passer la foule dans la rue
Sans que personne, hélas! seulement le salue.

D'un pareil abandon à qui la faute? A toi
Dont l'esprit et le cœur n'ont ni règle, ni foi,
Qui chantes pour chanter, sans raison, sans système,
Qui cours incessamment de l'un à l'autre extrême,
Et barde ou citoyen passes, comme un enfant,
Du parti qui succombe au parti triomphant,

Exaltant et prônant ce qu'il exalte et prône,
Ou l'armée, ou l'autel, ou le peuple, ou le trône,
Tout prêt, selon les temps et les besoins du jour,
A leur offrir à tous tes chants et ton amour.
On pardonne à vingt ans un semblable délire;
Plus tard, non : à trente ans qui se mêle d'écrire,
De tout fâcheux écart doit garder son esprit,
Car alors il répond de tout ce qu'il écrit.

Tu souris de pitié, toi dont l'orgueil extrême
A contre la raison fulminé l'anathême :
Insensé! sache donc qu'un éternel trépas
Attend les chants bâtards qu'elle n'inspire pas;
Que rien ne vit sans elle, et qu'enfin le génie
N'est qu'une raison vaste, élevée, infinie,
Qui dirigeant l'esprit à sa vive clarté,
Lui fait sentir, comprendre, aimer la vérité.

Cette raison jadis a prêté sa lumière

Aux Pascal, aux Corneille, aux Racine, aux Molière;

Mais elle n'éclaira ni Ronsard, ni Brébeuf,

Beaux esprits, renommés, comme toi, pour le neuf,

Que piédestalisaient Paris et la province,

Et qu'en un jour d'erreur dotait aussi le prince.

De ces deux écrivains, hélas! qu'est-il resté?

Leur nom, triste jouet de la postérité.

O gloire du moment!!!... Songes-y bien, poëte,

Par la postérité seule, justice est faite.